고립낙원

한길수 시집

시인의 말

태초의 외진 그리움이다

그림자는 늘 비탈지고

터전은 막후처럼 비좁았으나

고즈넉의 틈새는 절경이다

은둔에 익숙한 게으름

문장 바깥에 갇혔다

차 례

● 시인의 말

제1부 고립낙원

가마솥 ──── 10
거기, 그곳 ──── 11
고립낙원 ──── 14
훨, 훨 ──── 16
그대, 흐르는 물결에 ──── 18
젖은 낙엽의 어원처럼 ──── 20
홀딱 벗고 새 ──── 22
밤바치길의 서정 ──── 24
철새의 기원 ──── 26
구절초 ──── 28
가을 타다 ──── 30
그리움을 지우는 방식 ──── 32
우리 가끔은 ──── 34
회전의자는 주인이 없지 ──── 36
슬픔 정리 ──── 37

제2부 노란의 거처

노란의 거처 ──── 40
보라의 자세 ──── 42
파란의 모습 ──── 44
달맞이꽃 ──── 45
시로 가는 길 ──── 46
칸초네의 여인 ──── 48
미련의 거처 ──── 50
환선동굴 ──── 52
물의 뼈 ──── 54
안개꽃 ──── 56
토종벌통 ──── 58
은어의 꿈 ──── 60
그림자의 생존 방식 ──── 62
무드셀라 증후군 ──── 64
만지작 ──── 66

제3부 노을에서 사과 향이 난다

벗 ——— 68

지천명 ——— 70

가난한 가슴의 표정 ——— 71

마음에 내리는 비 ——— 72

올챙이 국수 ——— 74

노봉방주 ——— 76

어처구니 ——— 78

억새의 방식 ——— 80

은행나무 숲 ——— 82

하현달의 온도 ——— 84

지나간 계절은 어디에서 머물까 ——— 86

노을에서 사과 향이 난다 ——— 88

마음이 머무는 곳에 꽃이 피고 ——— 89

겨울 휘파람 ——— 90

파종 ——— 92

제4부 가방의 어원

명품쟁이 —————— 94
가방의 어원 —————— 96
가방을 디자인하다 —————— 98
가방의 성격 —————— 100
뜬금없이 —————— 102
가방 레시피 —————— 104
캐주얼 가방 —————— 106
쌈지 —————— 108
지게와 가방 —————— 110
아버지 가방에 들어가신다 —————— 112
가방의 내면 —————— 114
아내라는 가방 —————— 116
가방의 표정 —————— 118
명품 증후군 —————— 120
가방의 혈액형 —————— 122

▨ 한길수의 시세계 | 길상호 —————— 124

제1부
고립낙원

가마솥

저 무뚝뚝한 무쇠의 경전
메마른 가슴에 장작불 지피고
가라앉은 추억을 쑤석거리네
어불거리던 청춘의 가마솥은 달아올라
속으로만 품었던 욕정은 끓어오르네
홀로 뜨겁다가 숯처럼 그을렸던
부지깽이 같은 한 시절 삶을 뒤적거리네
언제나 차가워서 구워삶고 싶었던 그대여
껄끄럽던 그 마음 지금쯤은 물러졌을까
들끓던 객기는 식어, 녹이 슬었지만
그을음 새까맣게 깔고 앉았으므로
매캐한 일에는 가릴 것이 없다네
작은 불씨 하나로도 활활 타오르겠다는,
삶아내는 일로 뜨겁다가
둥근 자세로 식어가도 좋겠네
그대, 우여곡절도 삶아 같이 무르겠다는
저 무뚝뚝한 무쇠의 경전을 나는 읽네

거기, 그곳

마음을 쉬려거든 살둔마을로 오세요
다른 것은 생각하지 말고 오직,
그대 지친 마음을 쉬어주고 싶다면
오세요, 살둔마을에 들어서는 순간부터
잘 왔다 생각이 들 거예요

심장이 두근거리도록 빠른 걸음으로
밤바치길을 걸어보세요
맨발의 마음으로,
부담을 벗어버리고 그대 심장에
평온을 주고 싶다면 걸어보세요,
오밀조밀한 돌멩이들을 비껴가면서
걷다 보면,
사는 게 별거 아니다 싶을 거예요

편두통이 심해지면
바람 소리를 들려주세요
마음의 기울기가 균형을 잃으면

두통으로 전달되는 구조
그대 생각 속에 청량한 바람을
불어 넣고 싶다면 흔들리세요,
솔가지에 잘게 부서진 바람에 흔들리다 보면
어차피 사는 것도
흔들리는 것이겠다 싶을 거예요

살둔마을 깊은 골짜기는
눈물이 많아서 조금만 흐린 구름이 지나가도 눈물이 졸졸 흐르지요
밤바치길 구부러진 신작로는 울퉁거려도
속내는 어머니 마음이에요
안겨, 스치기만 해도 사르릉
젖내 풍기며 민낯으로 받아 줄 거예요

마음이 얽혀서 삶이 보이지 않거든
원당리 삼거리슈퍼나
미산 삼거리 슈퍼에 들러

삼겹살 두어 근에 곰배령 막걸리 사가지고
살만한 둔덕, 살둔마을로 무작정 오세요

고운 단풍이 손 흔들어 맞이하고
휘영청 보름달이 마당을 쓸어놓을 거예요
별은 또 쉴 새 없이 조곤조곤거리다가
이따금 유성이 되어 우리들의 소원을 들어줄 테니

소원 하나 품고서 그냥 오세요~
소원 하나 이루고 편히 가세요~

고립낙원

구름의 표정에서 비의 양을 측정하는 일이
간혹 들어맞는 것에 놀라지 않는다

날짜와 요일은 자주 뒤엉키므로
바깥소식은 엄나무 이파리 떨어지는 소리에도 묻힌다

주인 떠난 강아지 외침과
스스로 떠난 들고양이 울음소리는 서로를 무너뜨리지 않는다

뉴스로 흘러나오는 소식보다
물까치 떼가 까마귀를 물리치는 것에 더 믿음이 깊다

껍질을 벗긴 다래나무는
삶과 죽음의 경계처럼 가없이 묵묵한 색을 발현한다
내 지나온 삶의 일부가 게워지듯

가령, 바람이 하룻밤을 용해하는 부피와

층층나무 끝에 걸린 계절의 층간소음을 감각하는 것에 다소 미온적이다

아무 일 없지만 하루하루가 뜨겁고
자연에 갇혀 살지만 자연과 밀접하다

훨, 훨

햇살이 새털처럼 가벼워서
구름을 향했던 나무에 햇살을 칠해 주면
나무는 새털처럼 날아갈 수 있을까

허공을 버린 그루터기 하나 주워 다가
껍질을 벗겨내며
자연에 순응한 이 평온을 들여다보면
내가 나는 기분이야
나무의 꿈은 새가 되는 것
비틀리고 거친 옹이를 다듬어내자
나뭇가지에 둥지를 틀었을 새의 형상이 자세를 잡지
허공이 쉼터였을 가지런한 안식
그 소박한 형상에 생명을 불어넣어 주는 일은
캄캄한 나이테 행간을 읽어내는 일
인고의 날갯짓이 파닥거릴 때까지
나무의 꿈을 조각해
나무가 끝내 정복하지 못한
그 어디쯤을 향한 그리움은 옹이가 되었고

둥지를 고심한 흔적은 아늑하기를 바랐지만
매끈이 되었어
옹이 진 마음을 깎아 만든 솟대에
새털구름을 빠져나온 햇살이 비추자
나무의 꿈이 마당을 휘돌아 산을 넘어

나무의 꿈이 그랬던 것처럼
나도 새털구름을 입고 세상을 날 거야
내 꿈을 찾아
훨~ 훨~

그대, 흐르는 물결에

발밑을 간지럽히는 물결
가슴으로 안아주듯
징검다리로 놓이고 싶다.

무지개 송사리 따라
먼바다 헤엄치다가
회귀 어처럼 돌아온 고요의 새벽
든든한 바위로 눌러앉고 싶다.

재잘거리며 웃음 흘리며
내 등을 밟고 지나간 소녀야
풍덩, 소용돌이치면
서로 젖어 들었을 꽃잎.

찰랑거리는 미소가
오목한 볼살에 고이는 동안
내 등은 이끼만 끼고
수위는 낮아만 갔으므로

구르듯 자글거리는 메마른 가슴.

모퉁이며 바닥이며 굽이치던
지난날의 목마름이 몽돌로 단단하다.
우리 어찌, 출렁이고 싶지 않을까.

이제는 어울너울
소용돌이 수면 아래 감추고
그대, 건너야 할 험한 길
걸터앉아 쉬어가는 징검다리로
평생 자리 잡고 싶다.

그리워, 가장 가까운 곳에서
물결 같은 숨결 느끼며.

젖은 낙엽의 어원처럼

층층나무에 가을이 입주하네
층간소음을 막아주던 일 그만두고
퇴거를 서둘러야겠네
어디에 전입신고를 할 건지
미처 계약하지 못한 채
거리에 뒹구는 서러움

겨울은 더 혹독해지고
물러설 곳 없는 폐허의 허공
여럿 먹여 살리는 게
여간 고된 게 아니라고
늙고 해진 내가 입 하나 덜어야지
비우고 내려오니까
비로소 보이는 경이로운 풍경
우리도 한 시절 풍경이었을까
위만 올려다보며 훌쩍 지나온 생
낮은 곳에서 헛헛하게 올려다보니
모든 게 풍경이었네

버석거리는 몸을 조금씩 뒤척이며

젖은 낙엽의 어원처럼 낮게 붙어서
빛바랜 살갗이 되어
내 뿌리를 찾아 밑거름으로 스며야겠네
층층나무에 층간소음처럼
봄의 파동이 부산해질 때까지

홀딱 벗고 새

부고장이 중년을 부르는 일상이라면
나는 삶 뒤에 숨은 붉은 그늘입니다

묏자리 삽질에 무표정한 하산길
친구들도 하나둘 부고장 뒤로 보내고
무언가를 파내고 후회쯤으로 메우는,
캄캄한 밤이 역광처럼 비켜선 나이

비움이 채움의 전 단계임을 아는
달무리 둥근 울타리를 벗어난 상념들
찢어진 비닐이 나뭇가지에서 펄럭거리듯
난난분분 어지러운 중년의 중턱
도시를 떠나 내 자유로운
 귀촌의 삶을 꿈 꾸어보는 일은 자유여행처럼 계획이 자주 바뀝니다

꽈리 속으로 노을이 물드는 저녁
꿈속에서 지었던 목조주택 다락방에 쟁여 둔

어지러운 생각으로 불다 터진 꽈리처럼 구겨져 달빛 뒤로 자취를 잃어버립니다

   부고장의 친구를 산에 남겨놓고도
   생각 없이 전화를 걸어
   술이나 한잔하자며 중얼거리는

   중년의 이별은 삶에 밑줄 하나 긋는 것
   계획이 자주 바뀌는 자유여행 같은 것
   생각 없이 밤이 두려워 홀로 지새는 밤입니다

밤바치길의 서정

　미산계곡을 지나는 동안 힐끔힐끔 곁눈질로 전방주시 의무를 위반했다면 당신은 시의 씨앗을 품었는지 모릅니다

　떨어진 낙엽 한 무데기 모여 있는 이 차선 도로를 지나치면서 속도를 줄이며 낙엽을 밟지 않으려고 서행했다면 당신은 어쩌면 시의 숲을 가꾸고 있는지 모릅니다

　억새꽃 환하게 웃는 길모퉁이에 차를 세우고 괜히 기지개 켜는 동작을 하며 이대로 여기에 멈추어도 좋겠다고 생각을 했다면 당신은 사유의 날개를 달았는지 모릅니다

　갈 길은 멀고 가을은 저만치 앞서가는데 저 맑은 계곡에 어항이나 담가서 바위틈에 숨어 있던 버들치 두어 마리 잡고 싶다면, 그랬다면 당신은 이미 시 한 줄 매콤하게 끓이고 있는지도 모릅니다

　밤바치길을 걸으면 만나게 되는 콧구멍 다리 위에서 떠내려가는 낙엽 한 잎에 첫사랑의 옛 시절을 떠올렸다면 당

신은 시의 냇물이 소용돌이치고 있는지도 모릅니다

  모닥불에 둘러앉았어도 등은 시리고 부지깽이 끄트머리로 담뱃불 붙여 내뿜는 연기에도 추억을 실어 길게 한숨지었다면 당신은 이미 시를 상재한 시인인지도 모릅니다

  이제는 돌아가야 하는데 술병에 남아 있는 반 잔 술 비우느라 느리적 거렸다면, 어쩌면 당신은 시심 한잔에 이미 취했는지도 모릅니다

  상현달이 추천사로 빛나고 별빛 총총한 조명 아래 시 읊는 풀벌레 소리에 잠기는 고요, 어쩌면 우리는 이 가을의 진정한 서정 시집인지도 모릅니다.

철새의 기원

밥상에 오른 채소의 원산지는 국적 불문이다

고랭지 채소밭을 가꾸는 것은
이주 노동자들
양수기로 퍼 올린 물이
채소의 뿌리에 닿는 동안 노을은
보고 싶은 얼굴들을 나뭇가지에 그려주고 있다

우우, 어둠이 내리고
고국의 안부는 금세 흩어지고
국적이 다른 신발이 문지방마다
낯선 언어의 이명처럼 엎어져 있다
엎드린 자세는 고국을 그리워하는 체위,
시야결손에 걸린 듯 캄캄한 외면이다

채소는 밤에 크는 것
어둠 뒤에 제 모습 감추고 향수병이 자란다
웃자란 생각만큼 고국은 멀어지고

타국의 서툰 언어를 끌어당겨 발목을 덮는다
한뎃잠을 자듯
태초의 자세로 둥지를 틀며
기원이 되는 꿈을 꿀 것이다

모국어 한 조각 별빛에 걸린다.

구절초

쑥스러운 사연을 가득 품은 듯 구절초가 절정입니다
쌉싸름한 구절초 향이 달빛에 겨우 은은해집니다
세상의 모든 향기에 숙연해지면 내 안에도 향기가 어릴까

혹 하나 데리고 온 고된 시집살이
소슬바람에도 소문은 팔랑거렸지
근본 없는 텃세에 삶아져
꽃다운 향기는 물러졌지
팔 남매 거두려면 소문 따윈 흘려보내고
불어난 강물 올갱이라도 잡아야 했지
끼니보다 무거운 대나무 조리질
불어터진 눈물샘
노을이 지나서야 막내 젖 물렸지
알맹이 빠져나간 올갱이 껍데기처럼
구구절절 휘파람 소리
밤새 애달팠지
병시중에도 지아비는 바람처럼 떠나고
홑치마처럼 가볍게

그 길을 그렇게 잇대어 갈 줄 몰랐지
너풀거리며 너풀거리며
가던 길섶에 구구절절
구절초 피고 있었지

쑥스러운 사연을 가득 품고서 구절초를 우립니다
쌉싸름한 향기에는 눈물이 묻어 있다는 걸
구구절절 차를 젓다 보면 음미로 전해집니다
세상의 모든 어머니에게 숙연해지는 계절
쓴맛이 달여지는지 비로소 가을입니다

가을 타다

낙엽을 태우는데 나무의 한 생이 태워지듯 허공이 매캐해집니다

굴뚝을 빠져나온 나무의 전생 같은 연기가 잠시 바람에 휩쓸리다가 이내 갈 길을 정한 듯 가을 쪽으로 방향을 잡습니다

불장난 삼아 피웠는데도 연기는 나무의 이력을 뜨겁게 지나자 몽글몽글 따뜻한 그림을 그려냅니다

나무에도 영혼이 있다면 연기는 영혼의 몸짓일까
바람에 묻어온 연기를 스치는데 가슴 한켠이 매캐합니다

지난여름 기형으로 자라던 다릅나무 아래에서 '못생긴 이 나무를 베어버릴까?' 혼잣말로 중얼거렸는데
다릅나무가 그 말을 들었는지 올해는 반듯하게 푸르렀습니다

나무가 사람 말을 알아듣는다는 것을 나는 믿기로 했고
숲의 표정을 가슴으로 읽는 것이
가을 탄다라는 말임을 이해하게 됩니다

겉과 속이 다른 다릅나무 낙엽을 태우는데 연기는 한결같이
종이 색입니다
무어라 쓰인 글씨는 이내 가을의 서정으로 흩어집니다

그리움을 지우는 방식

추억을 지우는 것이 이별의 쇠락이라면
우리 푸르렀던 감정도 하얗게 지우겠습니다

지우기 위해 가물거리는 기억 속으로 들어가
발자국마다 저장된 이름 하나씩 내려놓으며,
이름 뒤에 따라오는 표정을 생각합니다

피식, 웃음이 새어 나오는 이름
당장이라도 달려 올 것 같아 숨이 가빠지기도 하는 이름
다시는 불러볼 수 없어 금세 눈물이 도는 이름, 이름들

꺼내기조차 아득한 이름을 내려놓을 때마다
발걸음은 무뎌지고 가슴은 노을처럼 붉어지는 것이어서
휘청거리며 걷는 길은 온통 잿빛입니다

함께하지 못한 그리운 사람들을 생각하면서
하늘을 올려다보는 눈가에 설핏, 별빛 하나 스쳤다면
아직 나를 떠나지 못한 이름 하나

허공을 떠도는 것인지도 모릅니다

물기 묻은 이름 하나씩 지우며 돌아가는 길
난분거리는 이름들이 명치끝에 걸립니다

어둠은 금세 풍경을 지우고
쓸쓸한 목적이 예견되는 밤

추억의 감정이 캄캄하게 잊혀 질 때까지
그리움을 밟으며 오래도록 어두워지겠습니다

지우는 것도 그리움의 방식이라면
멀어진 이름 하나 내려놓고 오늘은
아득한 풍경처럼 켜켜이 멀어지겠습니다.

우리 가끔은

햇살 좋은 창가에
눈부신 안부로 만나도 좋겠습니다
카푸치노 식어가도록 말없이
허공의 생각 속에서 만나도 좋겠습니다

국화 향 가득한 꽃차 한 모금
따습게 나누던 그 자리
한 번쯤은 우연이라도
바람결 소문으로 만나면 좋겠습니다

어쩌다 가끔은
별빛 고운 호수를 건너
어렴풋이 안개로 그린 꿈속을 서성이다가
풋내 나는 그대, 새벽에 닿으면 좋겠습니다

노을 등진 어스름
가슴 언저리에 맺혀 있는 말들이
강변에 일렁이도록 물수제비뜨며 가볍게

흘려보낼 수 있으면 좋겠습니다

홀로 나무 그루터기에 기대어
커피 한잔에 하늘을 담고,
바람을 담고,
흩날리던 그대 머리칼에서
근사하게 다가오던 생각의 향기까지 담아
그대 향한 찻잔에 나이테로 식어가도 좋겠습니다

우리 가끔은
계절이 바뀌는 길목 어디쯤에서
이별 뒤에 우연처럼
아릿한 안부로 만났으면,
그랬으면 좋겠습니다.

회전의자는 주인이 없지

우리는 오늘도 때려 치지
백정도 아닌 것이 늘 때려치움을 품고 살지
밥줄이 데려다준 일터에 우리는 왜
때려치우도록 분개만 남았는지
능구렁이 같은 상사들은 왜
가는 곳마다 똬리를 틀고서 야근을 지키고 있는지
예리한 눈이 한바탕 결재를 집어던지고
때려치움의 분노가 형광등을 씹어 삼킬 때 하필이면
딸아이 미소가 배시시 물걸레질을 하는지
능력을 주고 산 월급봉투는 왜 그리도 다이어트에 열심인지
전셋값은 초고속 승진인데 하필이면 장모님은 치과에 가시는지
대출 이자를 따라잡기 위해서는 과장보다 대리운전이 낫지
스펙 가득한 젊은 이력들에 밀리지 않으려면
결재판이라도 던져야 하지
우리는 오늘도 때려치움을 참고 살지
야근을 지키며 하루를 살지

슬픔 정리

빨래 옆을 지나는데
구멍 난 속옷에서 슬픈 냄새가 난다
언제부터
슬픔을 억누르며 지나왔는지
알 수 없는 해진 기억
비틀어 짰던 눈물은 날아갔어도
슬픔의 감정은 남아
살랑거리는 바람에도
풍겨온다. 감추어 두었던 감정이
빨래를 개키며
언제 미어질지 모르는
느슨해진 삶의 실밥 하나
자를 수도 꿰맬 수도 없어
고이 접어 가슴에 넣는

2부
노란의 거처

노란의 거처

생강나무꽃 노랗다.
생각의 끝에서 피는 섬일까.

불현듯 떠난 사월의 그늘
햇살 두어 장,
노란 향기가 지나는 길목에
기도처럼 가지런하다.

사월의 심해에 머물러서
비스듬한 물결에
달빛 둥글게 채우지 못하고

생각 끝에서 피어나는 수줍던 미소
노랗게, 향기로 다녀가는 꿈결

계절을 밀고 온 바람을 필사하면
그대,
아련한 향기와 긴밀해질까.

노란 꽃의 거처는
돌섬에 핀 희망이거나,
계절을 이끄는 바람 같은 것

출렁이던 바다의 변절에도
울컥, 뱉어지던 꽃그늘.

보라의 자세

우울에 가까운 사랑의 감정이다

순수의 체온이 보라의 살갗에 닿으면
욕망의 표정이 되는,
배신한 남자가 내뱉는 한숨 같은 오독의 자세

사랑도 지나쳐 멀미가 심해지면
헝클어진 사랑의 세련된 변명 같은 것

너와 나 사이 어디쯤에서 희미한 생각마저 아뜩해질 때, 나는 돌아갈까 여기서 멈출까 바람으로 새벽을 밀치며 너를 깨울까 그러다가 물렁해지는 너의 표정을 만지작거리다가 네 심장을 필사해

보라,
저 캄캄한 밤과 새벽 사이의 헝클어진 표정
부르고 싶은 여인의 이름 뒤에 숨겨진 이별을 예감하는 눈빛

한때, 사랑의 바탕 위에 후회의 붓으로 그리는
불륜적 야만의 미술 행위.

파란의 모습

몸을 맞추면 마음이 헐겁지
하얀 마음이랑 어울려야 더 예쁘지
구겨진 삶에서 푸른 희망을 입지

삶의 계획에 구멍이 뚫릴 때마다
흙바닥에 털썩 주저앉는 편안함이지
가난에 절뚝거렸던 해진 무르팍에
모래바람 훑고 지나간 사막의 지문,
바닥에 내려앉았어도 일부러 주저앉았던 거라고
바닥을 은신처로 삼았던 헐렁한 보금자리지

생머리 청초한 시절, 순수해진
열정으로 출렁이는 젊음, 푸르러진
세월의 멋을 포용하는, 여유로워진

주름진 골목, 단 깊는 저녁
넉넉한 웃음으로 이염되는
저, 푸르름의 빈티지.

달맞이꽃

 허락 없이 네 마음속으로 들어가 안부를 걸어두곤 해. 너의 인사는 비어 있고 나는 어둠 속에서도 너의 안부를 만날까 긴 울타리를 방황했어. 너는 아직 잠들어 있고, 새벽이 겨우 만져질 때 돌아 나오던 선잠의 통로에 고아처럼 버려진 조간신문에서 문득, 너의 표정을 읽기도 했어.

 너를 취재한 내 자음의 떨림은 흐트러진 행간 사이에서 네가 원치 않는 활자들로 나열되고, 나는 어느 면에도 기사화되지 못한 글자들로 윤전기의 소음처럼 윙윙거리기만 할 뿐, 어느 때고 분쇄되어 숲으로 돌아갔다가 나무의 기억을 찾아 직립을 흉내 내다가 결국엔 엎질러진 잉크처럼 까만 밤을 지새우겠지. 너의 마음은 오독이었을까.

 꿈속의 신문은 나만의 세월이어서, 나를 지우고 나면 너도 사라지고 마는 안개의 흔적 같은 것. 현실의 우리는 외로움의 대상이었어. 떠도는 소문의 기사처럼 심장의 울림이 사라진 가상의 우주 속에서 뒤척거린, 너를 다 읽지 못하고 접어 둔 폐간의 시간.

시로 가는 길

생각의 길에 세워진 이정표는
목적지를 검색할 수가 없네
온라인 여기저기에
글을 올리며 소통하는 길
어느 한 곳 사정 있어
글 집을 폐쇄하니 옮겨가라는 전언
전세 살던 글을 모두 이사시켜야 하네

맘 아프며 썼던 글에 울컥
그날의 감정이 다시 올라오기도 하고
내가 아닌 또 다른 내가 쓴 듯한 낯섦
재난 문자처럼 출판사가 흔해져도
허름한 내 글 쉴 곳은 어디에도 없네
글 이삿짐을 싣고 무작정 떠나가는 길

이삿짐에 아내를 먼저 실어 보내고
모자란 전세금 마련해서 곧 가겠다고
빈집에 홀로 남아

궁리로 먼지를 털어내고 쓸어내고
빌려주겠다던 전세금은 소식 없고
나는 겨울바람처럼 날카로워져서
찢어진 벽지만 흔들고 있었네
보일러는 잠겨서
몹시 추웠던 그해처럼

칸초네의 여인

골목이 가늘어지는 시간
공갈 젖꼭지를 물리고
두고 온 아이 생각에
밤마다 재즈처럼 어깨를 들썩거려요
슬픔을 그렇게
취기로 잊어버리려고
슬픔의 리듬에 기대요
초록 바람이 불어요
노란 파도가 밀려와요
입구를 찾기 어려운 음악이
둠바둠바 베이스를 울려요
심장이 멎어요 낮게 흐르는
밀바의 목소리는 썰물로 사라져요.
둠바둠바~

작은 선술집을 정리하고
그녀는 떠났어도
밀바는 여전히 깐초네를 불러요

먼지를 긁느라

엘피판이 튈 때마다 동전을 얹어요

동전 한 개로 그리움의 값을 지불하면

들썩이던 그녀의 흐느낌이 되살아나요

와인 향 출렁이던

삼도 일동의 선술집 봐본에서

그녀가 사랑한 음악을 들으며

여인의 생각 속으로 들어가 보니

골목마다 초록의 바람이 넘쳐나요

아이의 노란 웃음이 들려요

둠바둠바~

미련의 거처

불을 끄면 당신이 보여요
심장의 파란 불로 나타나서
내 허리를 감싸 안아요
아랫도리에 손을 넣으며
귓불에 바람을 불어넣던 숨결이
오늘처럼 말랑하게 만져져요
보조개에 담긴 슬픔을 핥으면
기억의 심장에 붉은 이슬이 맺혀요

새벽이 오기 전
새벽을 건너야 해요
기울어진 벽은 생각의 끝에서 만나게 되는
무의식의 절벽
비대칭인 새 한 마리
벽을 따라 절뚝거리며 날려 해요
부양하기엔 허공이어야 할 텐데
생각의 모서리에 당도하게 되죠
함정 같은 곳

불을 꺼야 보이는 당신

아직, 새벽을 건너지 못했나 봐요

심장이 비대칭으로 날고 있어요

체액이 빠져나가는 고통이 일상처럼 익숙해요

세월 바깥은 여전히 말랑한 오늘인데

불을 꺼야 보이는 당신은

슬픔의 성분처럼 가라앉고 있어요

피돌기가 멈춘 심장이 만져져요

청동의 울음소리 녹슬어가는

과거의 중간쯤

환선동굴

골 깊은 악산에 틈을 내어
바람을 불러 물길을 만들었으니
막아섰던 돌멩이는
어김없이 몽돌로 다듬어졌으니

물을 물로 보지 마라
돌을 깎아 물길을 내고
물길 돌려 바위를 돌아가는 순환이어도
미련 남아 뒤돌아본 적 없이
겸손하게 흘러 바다를 넓혔으니

물을 물로 보지 마라
구름을 딛고 선 촛대바위
석순의 뿌리에 수천 년 기대고 있으니
암흑의 메아리조차 숨죽이며
삼척동자를 다스리니

물을 물로 보지 마라

동굴 아래 공명은 시간인 것
시간과 공명은 현재로 이어지는 것
흐르는 것은 현재를 지나고
어둠을 깨우며 미래를 여는 것이니

물을 물로 보지 마라
바람에 날린 씨앗 하나라도
햇살 도와 척박한 골마다 흘러
격랑을 지나 풍요를 만드는 물의 흐름
어머니로 읽히는 시간이니

물의 뼈

물의 살갗에 사유가 여물고 있다

추위를 밀어내려는 물의 성질은
견고하게 얼어붙는 일
물컹한 자세로는 견딜 수 없어
척추를 세우듯
온통 어름이라는 뼈로 단단해지는 것

물의 뼈는 물의 전생을 거슬러 왔을까
은유의 소용돌이 깊이 품듯
몽돌을 다듬느라 시퍼렇게 멍든 가슴

시로 단단해지는 일은
내 안의 물컹한 생각을 거스르며
사유의 감정을 매끈하게 다듬는 일

가장 친근한 것에서
산전수전을 겪는 일

골다공증 환자처럼
뼈마디 으슬거리며 자주 미끄러지면서도
사유의 한 조각 얼리려는 노력

흐름이 멈추어도 뼈로 단단해지는
서로에게 치열하고자
애써 속으로 여무는.

안개꽃

안개를 울음에서 피는 슬픔의 꽃이라 하자
울음의 표정을 읽어 내려가면
안개의 본적지에 닿을 수 있을까

흡연실 앞을 지나다가 잠깐 문이 열리는 사이
매캐함이 슬픔처럼 와 닿을 때가 있다
타인의 담배 연기가 더 맵듯
타인의 슬픔을 지켜보는 것이 더 슬플 때가 있는 것

묏자리 한 평 마련하지 못해 외가 벼랑 같은 산자락에
아버지 누이고 이듬해 어머니마저 모셔야 했던 어린 상주는
빗살무늬 눈보라로 하필 매웠으므로
합장을 하는 게 어떻겠냐는 동네 어르신의 제안에 울음만 삼켰고
재가한 부부는 합장하면 안 되는 거라며
곡보다 시끄럽던 집안 어르신의 언성에도 서둘러
봉합된 낮은 봉분 하나

봉분을 다지던 상여꾼들의 발목까지 울음이 차올랐다

밭은 가래처럼 끓어오르는 울음
단번에 비벼 끄지 못하고
삼키지도 못했던 뻐끔거리는 울음, 울음들

가슴에 울음을 품고 산다는 것은
수맥처럼 슬픔을 외길로 흘려보내거나
설친 밤 끝에서 풀어, 안개로 피워 올리는 일

울음의 표정을 다 읽을 수는 없지만
달무리 진 보름에도 안개는 자욱했으므로
핏기없이 언제라도
울음의 장지에서 피어나는 꽃

토종벌통

안개를 딛고 바람의 등을 긁으며
향기를 걸러 육각의 틀을 채워가는 꿀단지

팔다리 잘린 채 겨우 숨구멍 하나 터놓고 살아가지만
한 칸씩 채워가는 달달한 삶이다
그런 시절에도 한순간 폐허로 변할 때가 있으니
의외로 가까운 이웃과 일가들이 한통속이 되어
채워진 것을 모조리 허물어 갈 때가 있는 것이다
믿었던 지인에게 소중한 걸 잃고 나면
쌓였던 신뢰의 무게는
벌집 쑤신 듯 요란을 떨다가
부기 빠진 뒤의 가려움처럼 슬그머니 헐거워지는 것
바람의 등은 돌아앉아
햇살의 기울기를 따라 벼랑을 지우고
기억을 지우는 것은 독한 술
술잔이 꿀처럼 달게 지나간 밤은 속이 더 쓰렸다
관계는 쓸쓸해지고
씁쓸한 인생을 달콤하게 발효시킨 자의 일침

어차피 사는 게 벼랑 위니까
내 인생은 어느 벼랑 끝에서
안개를 딛고 바람의 등을 긁고 있나

향기의 공양으로 연명하는 농축된 가부좌
저승 문턱에 주저앉은 애물단지.

은어의 꿈

천둥소리에 잠자던 의식이
화들짝 놀라 육체를 깨우네요
빛나는 시어를 잡으라고 아우성이에요
강 저편에는 커다란 무지개를
설정해 놓았네요
구름이 용을 쓰고 있어요
무지개를 조명 삼아 투망을 던져요
비릿한 시어들이 건져 올려지네요
무지개는 왜 갑자기 사라진 거죠?

비늘을 벗겨요
잡은 시어들로 요리해요
빛나는 시어를 찾아내기 위해선
반짝이는 것에 현혹되면 안 돼요
집중이 흐트러지면 마음이 베이죠
널브러진 비늘에서 꼬리가 나와요
빗물에 헤엄치는 상상을 해요
우산의 전생은 생선이었거나

구름이었거나 개의치 않아요
우산살은 생선의 가시를 모방했나요?

무지개 속으로 시어들이 헤엄쳐 가요
잠든 육체들은 멀뚱히 바라만 봐요
조립되지 못한 비늘이 빗물에 떠내려가요
여전히 무지갯빛 간직하고 있는데
시어들은 어디에서 마음을 풀어 놓을까요
우산 살 사이로 천둥이 부서져요
은어의 가슴엔
무지개가 설정되어 있나요?

그림자의 생존 방식

바람이 골짜기로 들어가 소멸되면
그리움으로 서성이다가
별빛을 따라 밤새 흐르는
안개의 뒷모습으로 환생하는 것인지도 몰라
선잠에서 깨어나면
꾸다 만 꿈이 어지러이 뒹굴고 있어
또렷한 어느 부분이 있고
기억해야 할 것만 같은 희미한
흑백의 어느 한 부분도 있어
거울을 들여다보는데 나는 거기 없었어
모르지, 거울 뒤에서 흐르고 있었는지
꿈과 의식의 중간쯤에 팔을 넣으면
말랑하게 만져지는 내 기억의 이면, 그러니까
죽음을 하나로 이으면
잃어버린 내 전생을 만나고 환생을 만질 수 있을까.
후회의 생으로 돌아가
예고된 삶을 되짚어 나를 앞서 펼쳐보는
예지몽을 해독할 수 있을까.

꿈은 땅속이든 물결이든 허공이든
넘나드는 의식의 부스러기 같은 것
실안개가 산 그림자를 따라 흐르듯
나는 거울 밖으로 서럽게 흘러서
무엇으로 반짝이려 했을까.
선잠에서 깨어난 아침
남아 있는 내 미래의 분량을
매끈하게 편집하는 행간
여전히 앞날은 눈부신 흑백.

무드셀라 증후군

그는, 아무런 장비 없이도
어두운 것들을 허무는 버릇이 있다.

그날 밤도 그는, 어느 낯선 지명에 도달하여
달빛 쟁이질에 포획된 어둠을 허물어내기 시작한다.
바닥으로 쌓이는 거대하고 거무스름한 것들.
그는, 달빛을 등지고 앉아
문지방에 흘러내린 제 그림자를 긁어내기도 한다.

쇳소리 같은 바람을 타고 마주한 저편,
바깥이란 오래 견뎌내지 않으면 단절되는 수상한 것.
그는, 오늘도 알아듣지 못할 중얼거림으로
다시 속을 감추고
밖도 안도 아닌 표정은 밤 풍경보다 익숙하다.

안의 바깥,
또 다른 바깥의 안쪽으로 도미노 게임처럼
수많은 지명 안내판이 넘어진다.

통각에 쏘이듯 어지러운 걸음
　가령, 이탈한 바퀴 하나로 잔뜩 이울어 절룩대는 달을 이고
　지나쳐온 지명으로 되돌아가는 길.

　바깥을 닫아버렸으나 안으로 들어서지 못한
　그는, 여전히 멀미 중이다.

만지작

세수를 하려고 내려놓은 귀걸이를
가락지인 줄 알고 끼운 손가락이
어색한 듯 귓밥을 만지작거려
손가락과 귓불 사이에 오락가락,
떠도는 소문이 난무해
달팽이관에 부딪친 소문은
진부하게 침전된,
멸렬하더라도 울림은 남아서
귓불에 구멍을 뚫고 싶은 날
내가 뱉었던 구멍 난 언어들이
허공에서 소문 따라 흔들리고
어색하게, 가슴 휑한 가락지의 마음은
손가락에만 안주할 수 없다며
세상의 모든 말은
가락지인지 귀걸이인지
손가락에 끼워 보아야 아는 거냐고
물음표의 자세로
만지작, 만지작.

제3부
노을에서 사과 향이 난다

벗

마당 입구 아름드리 벗나무 있네
우산처럼 아늑함을 꽃으로 펴주던,
커피잔을 들고 그늘에 서면
꽃비로 향기를 담아주던,
그 벗나무도 갱년기가 있는 걸까
밑동에 껍질이 트고 수액마저 말랐네
직립의 꿈은 부러지고
들락거리던 곤줄박이도 떠나고
딱따구리 날아와 마른 가슴만 쪼아대네
잠든 벗을 흔들어 깨우네
동면에 든 벗나무를 자르는 것이네
톱날이 허벅지를 지날 때마다
톱밥 같은 눈물이 쏟아지네
그림자를 늘이고 지웠던 시간 만큼이나
굵게 자란 벗나무가 애써 울음을 참네
평생 이고 있던 허공에서 눈물 같은 눈발이 흩날리네
제법 남아 있는 그루터기에
외등 하나 매달아줘야겠네, 매달아주면

달이 없는 밤에도 보름달로 환하겠지
사철 벗으로 함께했던 나무
죽어서도 나를 환하게 밝혀주네
오오, 나의 벗이여.

지천명

서로의 몸에 기대어 이룬 저 숲
소나무와 다래 덩굴은
허공에서 만난 사이라지만
오래도록 함께하자고 누가 먼저 고백했을까

나무의 말에 귀 기울이면
구부러진 이유 다 있고
부러진 상처가 딱지처럼 굳어
옹이가 되었다고
그렇게 굳은 표정이 보이는 나이.

숲속을 가만히 걷고 있으면
나무들이 재잘거리는 소리가 들리고
서로의 등에 기대어 살아가다 보면
외발로 섰어도 외롭지 않다고,

오히려, 산을 찾으며
나무에 등 비비는 사람들이
외로운 거 아니겠냐고
숲의 웅성거림을 듣는 나이.

가난한 가슴의 표정

양은냄비 버려져 있다. 한때,
끓는 가슴으로 뜨거웠을 내장은 어디에다 쏟아 버렸는지
비워, 헐렁한 흔적

자취방 등 굽은 그림자
허기를 끓일 때마다
움푹 팬 가슴에서는 가래 끓는 소리가 났다.
평생 끓어 넘치던 속살의 건더기는
포脯처럼 말라버린 걸까.

모든 걸 데워주고 일생을 쏟아 낸
빈 가슴은
내 찌그러진 포만의 이면.

가난한 부부가 끓어오르려다
끝내 엎질러져 비좁게 합장된 야트막한
저, 봉분의 모습.

가느다란 햇볕에도 뜨거워지는지
회오리 잠깐 일었다.

마음에 내리는 비

마당을 서성거리는데
세워놓은 삽 한 자루 눈에 드네
제 할 일 다 하고 이제는 편히 쉬라고
한갓진 곳에 세워놓았던 것인데
가만 보니 삽날이 녹슬고 있었네
잠시 잊었던 인연을 돌아보네
사람과 사람 사이에서도
인연의 끈을 놓아둔 적 있었네
결이 다른 만남이거나 이유 없이
거리를 두어야 할 상황이었는데
잠시라고 생각되는 시간이
누군가에게는 마음의 녹이 슬고 있는
오래라고 인식될 수도 있는 것
발바닥이 얼얼하도록
녹슨 삽날로 마른 땅을 파헤치네
서먹해진 마음의 문턱을 파고들다 보면
녹슨 마음은 벗겨지겠지
마당 한켠에 서 있는 삽 한 자루

도랑이라도 치워볼까
장맛비 참 시원하게 내리네

올챙이 국수

아홉싸리재 고갯길 정상
자작나무 자작거리는 곳
허름한 쉼터에
옥시기 삶는지
화덕 연기 피어오르고
산바람 지나칠 때마다
안 먹으면 손해라고 써 붙인
플래카드 펄럭이는 곳

올챙이는 개구리로 떠났을 텐데

두어 계절 지나는 동안
올챙이 국수 삶아내는 곳
간장양념 두 숟갈 넣고
열무김치 수북이 얹어
정신없이 먹다 보면
후루룩~
올챙이 꼬물거리는 소리

아랫배는 어느새

올챙이 배가되고

노봉방주

풍경을 필사하며
시 한 줄 쓰려는데
도토리 툭, 툭, 떨어지는 소리
마음은 묵사발이 되고
머루랑 다래랑은 막소주에 발효되고
머물고 싶다는 말은 실없이 많아도
문지방에 어지러이 널렸던 신발은
누군가의 발이 되어 떠나고
여분으로 잠깐씩 돌아다녔던 고무신은
엎드려 한가하고
몇 개월 동안 자리 잡고 있던 야외탁자를
괜스레 이리저리 옮겨보다가
쓸어내면 그만큼 떨어지는 낙엽을
쓸데없이 쓸어보다가
맛보기로 내온 돌배 술 한 잔
향 좋은 걸 먼저 아는지
토종벌이 먼저 술맛을 보다가
이내 술독에 빠져서 써 내려가는

저 필사적인 필사의 서체
한 줄 톡 쏘는 시
발그스레 퍼지는

어처구니

자전의 중심에 멀미가 있다

둥글게 돌아가며 사는 거라고
하루를 돌려서 하루를 먹고
한 달을 돌리면 한 달이 살아졌지
한눈파는 일은 없었어
한 줌을 받으면 한 줌을 잘게 부수며 살고
한 됫박을 돌려야 할 땐 질끈
허리띠를 졸라맸지
언제나 올바른 방향으로 돌아야 된다고
헛도는 일은 결코 하지 않았어
바쁘거나 힘들거나 돌기 시작하면
밤을 새워가면서도 궤적을 유지하느라
속도를 늦춘 적 없었지
앞만 보며 돌기만 하던 내게 어느 날
멀미가 일었어
원심력이 빠져나간 허리띠는 느슨해졌고
삶의 방향키는 낡았던 거지

둥글게 돌아가며 살아왔는데
돌아보니,
제자리만 맴돌고 있었던 거야

참, 어처구니없지

억새의 방식

바람을 읽으며 하늘을 쓸어도
겉으로는 하얗게 웃지
등고선을 움켜쥔 뿌리는
어울려 살아가려는 본능의 몸짓
무리 지어 쉼 없이 흔들리는 것은
어불거리는 꽃의 방식인데
휩쓸리는 바람에 마음도 얽혀서
민둥산에 올라 버거움 날려버릴까.
그리워, 칠부능선에 별이 된 이들이여
안부의 큰절이라도 올리려면
무릎이라도 꺾어야 하는 일
'사내는 무릎이 생명이다'
차마, 꺾지 못하고
달빛에 되레 하얗게 일렁이는 밤.
불혹, 흔들리지 말아야 하는 것
불혹, 흔들림을 받아들여야 하는 것
숨어 홀로 생각을 껴입어도
빈 대궁 속에서 뱉지 못한 말들이

마디마다 딸꾹질로 부러지고
바람은 불어 춤을 청하여도
사색의 허무로 흔들리지

은행나무 숲

홍천 내면 은행나무 숲
온통 가을이 내려앉은 곳
달빛이 적금을 부었을까
은행나무 통장에
노란 가을이 이자로 수북합니다

바람은 고정금리처럼 살가워지고
방문객을 맞이하는 은행잎이
책갈피에 숨겨놓은 비상금처럼
반겨 환합니다

신용불량 같았던 소화불량
아픈 아내를 위해
사랑으로 저금한 은행나무
만기적금 숲을 이루었습니다

사랑이 넘치는 샛노란 연인들이여
사랑의 대출이 필요한 사람들이여

외로움은 적자로 소멸되는 곳
사랑의 이자가 수북한 곳

달빛 사랑이 만기처럼 넘치고
모두의 가슴에 그리움이 황금색으로 저축되는 곳
홍천 내면 은행나무숲에서
시월의 풍요를 인출해 가세요

하현달의 온도

장작더미 쌓여 있다.
정작,
굴뚝에서는 낙엽 태우는 냄새만 나고
구들은 미지근하다.

어쩌다 들르는 자식들
그제야 아궁이는
장작을 시뻘겋게 잡아먹고
뜨끈하게 데워진 구들
지친 자식의 몸을 지진다.

장작 쌓인 처마 밑에서
담배 연기 뿜으며, 자식들은
홀어머니,
지금처럼 뜨끈하게 지낼 거라는 생각에
가벼워진 마음으로 돌아가고

구들이 식어 갈 즈음

가랑잎 같은 어머니
언제 땔지도 모를 장작을
또 패고 쌓는다.

굴뚝에 모진 연기
하늘에 닿았는지
식어, 쿨럭거리는 하현달.

지나간 계절은 어디에서 머물까

시골집 벽난로에
곤줄박이 한 가족이
나란히 날개를 접고 있었네

아늑한 이곳에
둥지를 틀고 살림을 차렸겠네
세상 밖으로 나가려 했을 때
아직, 여린 날개 새끼들은
수직의 연기 통이 힘에 부쳤으리라

곤줄박이 식구가 잠들어 있는
시골집 벽난로는
장작불을 피우지 않아도
겨우내 따뜻하네

산기슭, 찾는 이 없는
봉분 낮은 산소

봄에,

뉘 와서 울어줄까.

노을에서 사과 향이 난다

장독대 배경으로 서 있는 사과나무
햇살 받아 노을처럼 익어간다
새들도 노을을 좋아하는지
노을 쪼아
사과 향기를 허공에 뿌린다

야영객이 버리고 간 투망을
사과나무에 둘러쳐 주면 온전히
사과 향기를 내 안에 가둘 수 있을까
허공으로 던져진 내 욕심의 투망
사과는 떨어지는 것이 아니라
공중에서 분해되는 것이라고
은밀히 변색을 생각한다

촘촘한 향기에 사각거리는 중력
구름이 깊으면 무게감이 되듯
향기를 잃어버린 노을은 난산이다
만유인력을 거스르는 광활한 적요
노을을 훔쳐 붉어지는.

마음이 머무는 곳에 꽃이 피고

늦잠에서 깨어난 아침

엊저녁, 뿌려 준 낱알 몇이

눈 속에 파묻혀 버렸네

곤줄박이 포르릉, 나뭇가지에

배고픈 울음 걸어놓고

서럽게 날아간 자리

하필, 하늘은 푸르러서

난 그냥, 나절인데도

눈물 한 방울 떨구고 말았네

겨울 휘파람

산 넘어 온 달빛이 창문에 기대어 방안을 가만히 훔쳐보는 소리

달빛 따라 내려왔다가 흩어지던 안개들이 거미줄에 걸려 몸 추스르는 소리

까마귀 오줌통이 이따금 불어대는 바람에 요강 비우는 소리

마지막 이파리가 한 손으로 매달려 있느라 용쓰는 소리

가지치기로 잘린 소나무 옹이에서 몽글몽글 송진 반죽하는 소리

배고픈 고라니 어둠을 밀고 내려와 울타리에 걸린 시래기에 눈독 들이는 소리

유성이 별 숲을 가르느라 불꼬리를 길게 늘어뜨리는 소리

소쩍새 울다 울다 목이 말라 잠깐 침 넘기는 소리

계곡에 달팽이 바위틈에서 나오다 헛발 디뎌 물살에 떠내려가는 소리

열목어 쫓던 수달이 허탕 치고 한심한 듯 주둥이만 닦아대는 소리

방안에 들여놓은 화분에서 새순이 돋아나다가 엉거주춤을 추는 소리

술에 담긴 노박열매가 빨갛게 만취해서 입에 거품 물고 스러지는 소리

머리맡 냉수 사발에 살얼음 어는 소리

지붕 위에 앉았던 물방울 하나 살며시 내려와 고드름으로 발기되는 소리

겨울밤이 깊어진다고
일제히 울리는 경고음들

파종

눈 내리는 날엔
서둘러 꽃씨를 뿌린다.
얼어 죽을 수도 있겠지만
꽃씨는 눈 속에 묻혀 겨울을 나야 발아를 하는 것
겨울을 잘 나야
꽃을 피운다던 아버지의 말씀은
이듬해 봄,
배가 불러오는 어머니의 모습으로 증명되었고
해마다 가을엔 예쁜 꽃들이 피어났는데
다섯째까지는 꽃 이름을 외우다가
여섯째부터는 꽃 이름조차 알 바 아니라는 듯
큰기침만 하시던 그해 가을에도
꽃은 또 피어났다.
눈 내린 뜨락은 오래전부터
씨앗을 발아시키던 체위
저녁일 텐데 눈이 오려나
늦둥이 씨앗을 파종하려는데
길어, 더디오는 겨울밤.

제4부
가방의 어원

명품쟁이

가방끈이 짧은 동섭이
가방 메고 학교 갈 나이
가방으로 배를 채웠다
가방이 제 맘에 안 든다고
팽개쳐지던 가방이 밤새 불살라졌다
유독가스보다 더 매웠던 성질머리
고개를 숙여야 들어가는 지하실 어둑한 공장이어도
머리 숙일 일은 결코 하지 않았다

마누라 품보다
가방 속에 묻었던 삶
가방은 남아 있는데
마누라는 어디로 갔을까
간신히 장만한 연립주택도
마누라를 따라간 날
지하공장 미싱은 온종일
잉잉, 헛바퀴만 돌았다

어릴 적부터 앓아온 소아마비
막 일도 할 수 없어 홀연히 떠난
중국의 낯선 곳에서 절뚝거리면서도
공장장이 되어 명품을 만들었다
가방끈은 짧아도
그가 만든 가방은 한 번도 짧은 적이 없었는데
생은 왜 그리 짧았는지
네모난 가방 속에 누워서야
나란해진 두 다리
가방 쟁이 동섭이

가방의 어원

저음의 언어로 누빈 심장의 바깥이다.

욕망으로 닿을 수 없는 허영의 날갯짓이라도
틀에 맞추어진 성형을 거부하고
틀에 맞추어진 무늬의 나열을 선호한다.

옷에 구색으로 맞추던 때가 있었고
구색에 옷이 따라올 때도 있었다.

한때는 사랑이었던 표정,
이별로 버려진 눈물 조각을 포장하면
장인이 빚어낸 명품의 자세가 될까.

콧대 높은 여인의 감정이
악어 등의 돌출된 무늬를 필사했다면
심장을 대신한 무언의 고백도
진심을 가장한 휘발성 무늬일 뿐이다.

짧은 가방끈의 어원은 좌절의 또 다른 표정
좌절이 결핍의 세월을 인내하고 한 발짝 앞서 걸음 하면
유행이라는 이름으로 어깨에 걸쳐진다.

유행은 욕망하는 소외의 전형인 것
결핍은 욕망으로 발전될 수 있는 또 다른 유행의 방식이다.

언어로 표현하지 못한 저음의 울림이
심장 바깥을 누빈다.

가방을 디자인하다

　가방을 디자인한다. 주머니가 많고 어딘가에 작은 비밀 주머니를 숨겨놓는 것을 좋아한다. 주머니가 많아서 기억을 담아둘 수 있다면 그 가방을 들고 시간여행을 떠나고 싶은 것이다. 이것저것 챙길 것들이 많은 여행길에서 바리바리 챙겨둔 기억을 하나씩 꺼내 보는 낯선 여인숙의 하룻밤을 좋아하기 때문이다.

　무작정 낯선 지명의 막차를 고집한다. 가본 적 없는 캄캄한 여행지의 정거장엔 언제나 두려움이 마중 나와 있다. 설렘이 늘어서 있다. 막막함이 졸고 있다. 문을 닫으려는 허름한 국밥집 할머니는 걸쭉한 욕이 인사다. 국밥 한 그릇에 욕까지 담겼으니 튀어나온 가방 주머니보다 배가 더 부르다. 서둘러 잠잘 곳을 정한다. 밤의 끝에서 나타나는 여인숙의 깨진 간판, 거기에서 새어 나오는 형광등 불빛이 어김없이 하품을 먼저 내민다. 눅눅함과 가난한 냄새가 나누어 앉은 방 한 칸에 기억이 가득 담긴 가방을 눕히고 기억을 정리한다.

옆구리에 붙은 작은 주머니엔 미소 짓던 마음이 그러니까 한 달 내내 야근을 하고 당신을 만났을 때, 그저 미소로만 반겨주던 반가움이 쟁여져 있다. 가운데 큼직한 주머니엔 딸아이 걸음마에도 신이 났던 우리들의 행복한 웃음이 담겨 있다. 따스함의 온기가 봄날의 햇살처럼 전해진다. 왼쪽에 보일 듯이 감추어진 비밀의 주머니엔 아직도 그날이 담겨 있겠지. 지퍼를 조금만 열면 불길을 피해 뛰어내리던 아득한 허공의 숨 막힌 기억 때문에 차마 열어젖히지 못하고 또 가두어 둔다. 기억만으로도 콜록거리는 매운맛은 유통기한도 없다.

가방을 디자인한다. 애써 찾은 웃음이 새어나가지 않도록 여백의 주머니를 만든다. 열어보기조차 힘들었던 악몽의 주머니와 바닥까지 내려앉아 납작하게 짓눌렸던 가난한 기억이 담긴 주머니를 떼어내고 행복만을 담을 수 있는 주머니를 만든다. 웃음이 가득 담길 테니까. 어디를 가나 환한 표정으로 넘쳐서 가방을 메는 것만으로도 마음이 부푸는 그런 가방을 디자인한다.

가방의 성격

가방의 손잡이가 툭
끊어질 때가 있다
어깨가 기울어지고
담겼던 희망들이 쏟아진다

멜빵은 어깨를 붙잡고 있는 손
가방의 팔들이 악수를 건네는 삶의 현장에서
두고 온 팔의 눈빛을 기억하는가

손잡이는 가방의 속을 알지 못하지만
느낌으로 안다
기울어지지 않기 위해 들썩인다는 것
들썩임을 감추기 위해 차라리
어깨가 결리도록 휘어지게 산다는 것을

절뚝거리는 심장 소리가
바람 위에 떠도는 세월

그들의 누군가는
왼손잡이로 살아가야 한다. 어차피
인생의 무게는 어깨에 걸쳐질 테니까

팔을 잃은 가장의 낡은 웃음이
문풍지처럼 떨릴지라도
기어이 놓지 않겠다는 아버지의 고집은
한없는 속울음이다

아, 주저앉지도 못하는 가장의 어깨여
기울어진 지구의 나날들이여

뜬금없이

구름으로 가방을 만들어요
무지개는 손잡이
식어 외로운 초승달은 단추로 장식해요
새털구름을 불러서 날개를 달면
목을 껴안고 키스하는 연인처럼 가볍게 날아올라요

월계수 잎 우수수 지는 강변에
토끼는 여전히 방아를 찧고 있어요
토끼가 찧는 방앗소리를 물레방앗간 연인들이 쏟아내는
사랑의 언어라고 연상하는 것은 불온한 상상일까요?

초승달이 가방에 단추로 매달린 건
전생의 인연을 무지개에 닿게 해 주려고
웅크린 자세로 문 앞을 지키는 거래요
무지개는 공허의 이면에 떠 있는 착시 같은 것이 아니라
영혼이 표상으로 이루어지는 노래의 음절이래요.

뜬구름은 결코, 뜬구름만은 아니라고

뜬구름 가방이 알 듯 모를 듯 여운을 쏟아놓고
보름달로 환해지네요
뜬금없이

가방 레시피

식탁에 차려진 소가죽 한 마리
핸드백을 만들까, 배낭으로 멜까
정갈한 마음으로 요리를 하지

가방 앞면은 등심이 좋겠네
결 사이마다 지방의 무늬가 곱거든

갈빗살로는 가방의 옆구리를 요리하지
채끝살 사이에 쫄깃한 살이 감칠맛을 더하니까

양지는 소의 목
가방의 지퍼가 지나는 자리
되새김질하듯 물건을 넣고 꺼내기 좋지

다리 살과 힘줄이 많은 사태 살은 바닥으로 보내야겠네
질기고 거칠어서 바닥의 삶을 용케 견디겠지

채끝살은 우둔살과 안심을 싸고 있는 연결 부위

연하고 부드러워서 어깨끈으로 연결하면 좋겠네

뱃살은 가방의 뒷면으로 보내야 해
부드럽긴 하지만 수축이 심해서
늘어진 주름살이 보기 싫거든

허벅지 대접살은 담백해서
가방 속의 작은 주머니를 만들 거야
담기는 모든 게 담백할 테니까

배낭을 메면 허리를 감싸는 곳
우둔살은 홍두깨살에 걸쳐지는 엉덩이
무겁더라도 든든하게 받쳐주지

소가죽 가방 어깨에 메고
거친 세상 우여곡절을 요리하지

캐주얼 가방

각진 사회라고
서류 가방을 고집할 필요는 없어

메는 것은 등이니까
어깨에 힘줄 필요도 없지

그러니까 사이즈는 자유야
부드러운 것이 멋스러움이지

더러운 돈이었을까
가끔은 사과 상자가 가방을 대신할 때도 있었어

사과는 이유 없이 빨개지고
설익은 욕심에 신맛이 느껴져

신뢰가 무너진 세상이라고
가방마저 내려놓을 필요는 없어

헐렁하게 세상을 짊어지고
우리 주어진 삶을 담으면 되니까

천년 바깥에서 이어져 온
수렵의 살림 도구

쌈지

가방의 마지막 공정은 뒤집는 일
바느질의 촘촘한 발자국과
초원을 달렸던 푸른 무늬를 지우는 일

목숨 걸고 강을 건너는 누 떼를 본 적 있다.
발이 닿지 않는 곳
무수한 발길질에도
더러는 악어의 먹이로 뒤집혀 진다.
악어가죽을 뒤집어 들여다보면
누 떼의 꺾어진 울음들이 쏟아져 나올 것 같은데
절뚝거리던 눈물의 흔적은 무늬로만 남아 있다

파도는 사냥을 돕는 바다의 무늬
솟아올라 수평선을 내리치던 고래는 무두질로 바다를 뒤집으려 했을까
뒤집혀 가라앉은 낚싯배의 주낙에는 풍랑의 무늬라도 걸려 있을까.

수평선과 지평선 사이
남루를 뒤집어쓴 가방 하나 걸려 있다.
허름한 어머니의 모습이다. 저 속에는,
가난을 뒤집으려고 맨발로 달려온
허기의 무늬가 접혀 있을 것이다.
가시는 그날도, 꼬깃꼬깃
품었던 무늬 하나 뒤집고 가셨다.

지게와 가방

지게 위에 고장 난 가방을 얹고
흙을 부어 수선화를 피우려는 어수선

평생과 함께했던 가방
주인이 귀촌을 하면
가방도 귀촌을 했다고 해도 되나
짐을 나르기 위해 태어난 팔자들이
서로를 위로하듯 떠받들고 있다

가방에서 꽃이 피면
여행으로 꽃을 피웠다고 해도 되나

평생 지게를 졌던 아버지는
지게를 떠받드느라 허리가 굽었다
평생 가방으로 먹고 살아온 나는
가방을 떠받든 게 되는 것이냐

지게 위에 가방을 얹어놓고

가방에 수선화를 심어놓고

나는 또 어떤 짐을 짊어지고
살아 온 날들과
내 어깨 위에 올려질 짐을 생각한다

짓누르는 짐의 무게
내 어깨 위에도 수선화가 필까
일어서려는데 허리가 조금 굽었다

아버지 가방에 들어가신다

삶의 띄어쓰기를 생략한 채 서둘러
귀향처럼 먼 곳 떠나가신 아버지
이제야 알겠다
아버지의 고향이 가방인 것을
이산가족 상봉 소식이 들려올 때마다
라면도 챙기고
흑백사진도 챙기고
가물거리는 기억마저 챙겨서
이번에는 갈 수 있을까
가방을 다시 여미며
잃어버린 것이 없는지
유통기한은 남아 있는지
챙긴 것들이 잘 있는지
아버지의 가방은
네 개의 식도를 통과하며
되새김질하는 소의 위장을 닮았을까
그렁그렁한 눈으로
챙긴 것들을 다시 들추어내고는

삶의 띄어쓰기를 생략한 채
아버지, 가방 속으로 떠나셨다

가방의 내면

드러내지 않아도 돋보이는 가방이 있다.
거친 지문이 상처처럼 새겨졌어도
가방 속까지 상표로 각인된 명품처럼

부질없이 자라나던 열너덧 살 무렵.
책가방 대신 두른 보자기는 늘 비어 있었으므로
미루나무 밑동을 잘라 운동장을 한 번에 쓸어보겠다고
무지개 같은 객기를 부리기도 했다.
무지개란 내게
떠나지 못한 철새의 깃털로 지은 둥지.

잘린 뒤에야
햇볕을 향해 넓히던 나이테 궤적이 드러나듯
자궁으로부터의 내 궁핍은
쌀독 긁어내는 가난한 소리마저
둥글게 번지며 점점 더 선명해졌다.
수도 없이 그려댄 무지개는 어디론가 사라지고
짜디짠 얼룩만 내면에 남아 그러니까,

잘려 나간 나무 밑동처럼 평생
외진 곳을 서성였던 것인데

촘촘하게 이어진 가난의 공간
닳도록 여닫던 내 낡은 지퍼의 요철
절절한 어미의 품처럼 나이테로 굵어졌으니

취기를 핑계 잡아 막차를 놓치고
부질없이 자라던 무렵의 지문 같은
울음을 새겨 넣는

아내라는 가방

가령, 떠날 곳이 마땅치 않아
문지방에 걸린 여행 가방을 살펴보다가
고장 난 바퀴가 눈에 들어왔다
구르는 곳이 방향인 회전 바퀴가
갈 곳을 잃은 채 떼그르르
어쩌다 한 번씩 들썩거리거나
낯선 도시의 인사말처럼 헛돌기만 한다
한 시절 채워지지 않는 꿈을 향해
위도와 경도 사이
날짜변경선을 넘나들며 분주했으나
돌고 돌아 겨우 안착한 지천명
아직은 내 짐을 나누어 담을 수 있다며
텅 빈 속을 내어 보이지만 겉모습은 이미
출입국 소인처럼 질서를 잃었다
내 젊음의 질서도 낡아가는 줄 모르고
모순의 결핍을 짊어진 채 나는 어디에다
환상의 집을 지으려고 그토록 떠돌았을까
문득, 표상을 찾아 떠돌던

헛도는 바퀴의 낡은 지문처럼
헐거운 가방이 눈에 들었다
아내라는 낡은 가방이.

가방의 표정

화장실 모퉁이에
애인의 가방을 든 청년 서 있다.
잠깐 가방 하나 맡긴 것일 텐데
그녀를 다 가진 듯
표정은 환하게 열리고 있다.
명품 가방 속에는
미소보다 부드럽게 다가왔던
향수가 담겨 있을 것이고
입술의 지문을 말아 쥔 립스틱이
조잘거리며 구르고 있을 것이다.
가방을 맡긴다는 것은
온전히 감당하기를 원한다는 것
휴일, 어질러진 자취방
뒤집어진 속옷처럼 민낯의 모습까지
공유하겠다는 착각 같은 것
그녀가 좋아하는 파스타에
레드와인 찰그랑, 나누어 마시면
어지럽다고 어깨를 빌리겠지

쾌변이었을까?
화장실 문을 나서는 애인의 표정이 시원하다.
마려운 소변을 참으며
가방을 들고 서 있던 남자 친구의 표정이
환하게 열려 있다.

내 오래된 그 날의 표정이.

명품 증후군

잘 팔리는 가방이 있고
좋아하는 가방이 있지
잘 팔리는 가방을 만들면 노동이 되고
좋아하는 가방을 만들면 취미생활인 거지
명품은 철학과 영혼으로 빚어진
장인의 삶을 존경하며
세월처럼 흘러온 역사인 거지
물은 세월의 그림자 같은 것
그러니까 물결에 다듬어진 바위는
물의 영혼을 존경한다지
애초에 모양 없이
흘러가는 천의 얼굴인 것을
유행도 그래서 물처럼 흐르는 거지
실체가 없는 유행이
바위를 다듬는 물의 세월을 배우는 거지
제 살을 벗겨
무두질로 만든 가방에 영혼을 담지
그리하여 물처럼 흘러서

삶의 옆구리에 스며들겠다는 거지
뼈만 남은 육신이 드르륵
미싱 소리를 내더라도.

가방의 혈액형

꽉 다문 가방을 보면 열고 싶어져
잠긴 지퍼를 열고 들여다보면
가방의 혈액형이 보일 것 같아

햇살이 닿지 않아 낡아 버린 소장품들
삐라도, 확성기도,
지오피도 열어젖히고 마침내
이데올로기의 커다란 가방도 열어야지.

꽉 다문 지퍼 같아서,
철조망도 그만 열어보고 싶어
누워 녹슬고 있지만, 괜찮아
한번 열면 다음부터는 쉽게 열리지
지퍼의 요철은 헐거울수록 좋은 거니까.

닫혀 있는 것들을 보면 열고 싶어
팔천만 가방 속을 들여다보면
같은 내피, 같은 질감,

한 핏줄로 흐르는
NS+O형.

한길수의 시세계

가방의 세계를 지나는 중입니다

길상호

(시인)

*

  그에게서 우편물 한 통이 도착했다. "삼겹살 두어 근에 곰배령 막걸리 사가지고/ 살만한 둔덕, 살둔마을로 무작정 오세요", 초대장과 수십 장의 지도가 동봉된 소포. 지도는 글자만으로 그려져 있다. 행과 행 사이, 연과 연 사이에 놓여 있는 강과 산과 무덤과 집과 시간의 등고선을 어떻게 읽어야 할까? 소리와 색깔과 향기로 표시된 기호들을 제대로 짚어내며 그곳에 닿을 수 있을까? 한편으로 두렵지만 또 한편으로 설레는, 마음이 주저하는 사이 또 그의 목소리가 다래넝쿨처럼 뻗어온다, "마음을 쉬려거든 살둔마을로 오세요/ 다른 것 생각하지 말고"(「거기, 그곳」).

*

 이번 여행을 위해 나는 "주머니가 많"(「가방을 디자인하다」)은 가방을 꺼내놓는다. 일정이 어떻게 변하게 될지 짐작할 수 없으니 챙겨야 할 것들이 많아진다. 그러나 짐은 너무 무거워도 곤란하다. 갈아입을 옷 한 벌, 카메라와 간단한 세면도구, 그리고 길을 잃었을 때 나침반이 되어줄 책 몇 권을 신중하게 고른다. 메모지와 볼펜, 봉지커피와 담배도 꺼내기 쉽게 앞주머니에 넣는다. 마지막으로 그가 보내온 지도를 돌돌 말아 가방 깊숙이 밀어 넣고 지퍼를 채운다. 이제 준비는 끝났다. 불룩해진 가방을 툭툭 쳐본다.

*

 불을 끄고 눈을 붙이기 전에 머리맡 벽에 기대어 놓은 가방을 다시 한 번 바라본다. 어둠에 골몰한 채로 웅크려 앉은 사람 같다. 너무 가까이 지내다보니 잊어버린 이 사물, 가방이란 무엇일까? "물건을 넣어 들거나 메고 다닐 수 있게 만든 용구"라고 사전은 알려주지만, 이 정의 말고도 가방 안에는 수많은 상징적 의미들이 담겨 있을 것 같다. 그가 보내온 지도에도 유독 가방 기호가 많이 자리를 잡고 있었다. 1부를 가득 채우고 있는 가방들, 지도를 제대로 해독하기 위해서는 우선 가방부터 세밀하게 살펴야 할 것 같다.

*

하루를 종일 헤맨 끝에 처음 닿은 곳은 "낯선 여인숙"이다. 그런데 벽지의 얼룩과 쿰쿰한 곰팡이 냄새와 다방 전화번호가 인쇄된 재떨이가 무척 익숙하기도 하다. 이곳에 짐을 풀고 앉아 인생은 여행이라는, 진부하지만 대체하기 힘든 비유를 떠올려본다.

*

무작정 낯선 지명의 막차를 고집한다. 가본 적 없는 캄캄한 여행지의 정거장엔 언제나 두려움이 마중 나와 있다. 설렘이 늘어서 있다. 막막함이 줄고 있다. 문을 닫으려는 허름한 국밥집 할머니는 걸쭉한 욕이 인사다. 국밥 한 그릇에 욕까지 담겼으니 튀어나온 가방 주머니보다 배가 더 부르다. 서둘러 잠잘 곳을 정한다. 밤의 끝에서 나타나는 여인숙의 깨진 간판, 거기에서 새어 나오는 형광등 불빛이 어김없이 하품을 먼저 내민다. 눅눅함과 가난한 냄새가 나누어 앉은 방 한 칸에 기억이 가득 담긴 가방을 눕히고 기억을 정리한다.

―「가방을 디자인하다」 부분

인생에서 내일은 누구에게나 있어 "가본 적 없는 캄캄한 여행지"이다. 그렇기 때문에 "언제나 두려움"과 "설렘", "막막함"이라는 감정의 교차를 겪을 수밖에 없다. 마음의 여유가 있는 자라면 알 수 없는 앞날에 대한 흥분을 즐길 수도 있겠지만, 반대의 경우 자칫 부적응 상태로 빠져들고야 말 것이다. 다행히 그는 "어딘가에 작은 비밀 주머니를 숨겨놓는 것을 좋아하"는 호기심 많은 사람, "인사" 대신 "걸쭉한 욕"을 마주하더라도 주눅이 들지 않을 만큼의 긍정을 지닌 사람이다.

여행 중 그는 매번 "기억이 가득 담긴 가방을 눕히고 기억을 정리하"는 작업을 한다. 과거를 떠올리는 일은 미래를 준비하는 또 다른 과정이기 때문이다. 누구나 음과 양의 기억을 갖고 살아가는 것은 비슷할 것이다. 그가 펼쳐놓는 주머니에도 한쪽에는 "우리들의 행복한 웃음"이, 다른 쪽에는 "바닥까지 내려와 납작하게 눌렸던 가난한 기억이 담"겨 있다. 조금 더 멋진 인생을 "디자인하"기 위해 그는 "악몽의 주머니"를 "떼어내고" "행복만을 담을 수 있는 주머니를" 만들어 달고 싶어 했을 것이다. 그러나 인생의 여행은 계획한대로만 진행되지는 않는다. 가방에는 뜻하지 않게 "욕망"(「가방의 어원」)이 가득 담기기도 한다. "더러운 돈이" 담긴 "사과 상자가 가방을 대신할 때도 있"(「캐주얼 가방」)다.

*

장-미셸 우구를리앙은 그의 책 『욕망의 탄생』(문학과지성사, 2018, p.222.)에서 이렇게 말한다. "생존과 욕망을 지탱하는 데 필요한 에너지를 생명 저 깊은 곳에서 끌어오는 것이 자아가 아니다. 오히려 자아를 만들어가는 것은 바로 우리 욕망이다. 말하자면 욕망에 의해 자아가 형성되는 것이다."라고. 그 자체가 욕망의 산물이라고 할 수 있는 인간이, 자신을 엄격하게 절제하지 않으면 자칫 욕망의 노예로 전락하기 쉬운 것도 이 때문이다.

그렇기에 가방 속의 것들을 꺼내놓고 "기억을 정리하"(「가방을 디자인하다」)는 작업은 욕망의 함정으로부터 자신을 구하는 것이기도 하다. 여행은 자신을 돌아보는 사색의 시간이기도 할 터, 그는 자유로운 삶을 만들기 위해 행선지에 머물 때마다 불필요한 것들을 덜어내는 작업을 계속해왔는지도 모른다.

*

여인숙의 하루가 지나고 다시 오늘의 행선지를 찾아 지도를 펼친다. 등고선 사이에 위치한 세 개의 가방을 보고 있자니 가방의 다른 뜻 하나가 떠오른다. 한자 가假와 방房을 붙여 만든 말로, 큰 방 안에 작게 만든 방(겨울에 외풍을 적게 하려고 방 안에 설치함)이라는 뜻이 담겨 있다. 사람이 들어가 쉬는 가방이라니. 그렇다면 죽음이 들어가 쉬는 무덤도 하나의 가방이 아닐까 싶다. 오늘은 세 사람을 만나야 한다. 그들은 다시는 열 수 없는 가방 속으로 들어간 사람들이다. 아버지와 어머니, 그리고 친구 "동섭이".

*

> 가방의 마지막 공정은 뒤집는 일
> 바느질의 촘촘한 발자국과
> 초원을 달렸던 푸른 무늬를 지우는 일
>
> …(중략)…
>
> 수평선과 지평선 사이
> 남루를 뒤집어쓴 가방 하나 걸려 있다.
> 허름한 어머니의 모습이다. 저 속에는,
> 가난을 뒤집으려고 맨발로 달려온
> 허기의 무늬가 접혀 있을 것이다.
> 가시는 그날도, 꼬깃꼬깃
> 품었던 무늬 하나 뒤집고 가셨다.
> ―「쌈지」 부분

삶의 끝자락에 위치한 곳, 여기는 "수평선과 지평선 사이" 아득한 공간이다. "남루를 뒤집어쓴 가방"이 놓여 있고, 그 속에 "허름한 어머니"가 쉬고 계신다. 그의 기억 속에 어머니는 이렇듯 가난과 결부되어 있는 존재인 듯하다.

  시 속에 그려지는 어머니의 삶은 "목숨을 걸고 강을 건너는 일"이었다. 이승은 "발이 닿지 않는 곳", 수없이 발버둥을 치면서 "꺾어진 울음들"과 "절뚝거리던 눈물의 흔적"을 끝없이 만들어내야 했던 곳이었다. 자식들을 위해 계속되는 "풍랑"을 몸으로 견뎌야 했던 것이다. 그런 어머니가 "가방의 마지막 공정"을 통해 "뒤집고" 싶어 하셨던 건 "가난"과 "허기"였다고 시는 말해준다. 고통스러운 기억을 자식들에게 물려주지 않으려는 그 마음, "꼬깃꼬깃/ 품었던 무늬"는 그의 내면에도 커다란 영향을 끼쳤을 것이다.

  "자궁으로부터의 내 궁핍은", "촘촘하게 이어진 가난"은 "절절한 어미의 품처럼 나이테로 굵어졌"(「가방의 내면」)다는 문장은, 가난이 어떻게 그에게 내면화되어 있는지를 잘 보여준다. 어머니가 뒤집고 싶어 했던 그것은, 이제 그가 뒤집어야 할 대상으로 바뀌어 이어지고 있는 것이다.

*

    삶의 띄어쓰기를 생략한 채 서둘러
    귀향처럼 먼 곳 떠나가신 아버지

    …(중략)…

> 아버지의 가방은
> 네 개의 식도를 통과하며
> 되새김질하는 소의 위장을 닮았을까
> 그렁그렁한 눈으로
> 챙긴 것들을 다시 들추어내고는
> 삶의 띄어쓰기를 생략한 채
> 아버지, 가방 속으로 떠나셨다
> ―「아버지 가방에 들어가신다」부분

아버지의 삶은 "귀향"이라는 하나의 시어로 함축된다. 언제나 타향을 겉돌아야 하는 자의 마음은 실낱같은 희망 속에서도 "이제는 갈 수 있을까"라는 꿈을 꾸게 된다. 아버지의 고향에 대한 그리움은 "이산가족 상봉 소식이 들려올 때마다" 이것저것 "챙겨" 넣었다가 다시 풀어야 했던 가방이 대신 말해준다. 기대와 좌절을 반복하면서도 "주저앉지도 못하는 가장의 어깨"(「가방의 성격」)로 버티던 그분의 모습은, 무거운 운명을 "되새김질 하는 소"의 모습을 닮았다. 결국 "챙긴 것들을 다시 들추어내고는" "가방 속으로 떠나"고 난 후, 아버지는 이제 자식에게 다시는 찾아갈 수 없는 고향이 된다.

아버지가 평생 지셨던 "지게 위에 가방을 얹어놓고/ 가방에 수선화를 심어놓"(「지게와 가방」)는 그의 행위는 자못 상징적이다. '지게'와 '가방'의 유사성으로 '아버지'와 '나'의 운명적 연결고리를 확인하는 행위이기도 하거니와, 아버지의 무너진 희망과 나의 삶의 무게도 언젠가 꽃의 아름다움으로 승화되기를 기원하는 마음이 엿보이기도 한다.

*

    가방끈은 짧아도
    그가 만든 가방은 한 번도 짧은 적이 없었는데
    생은 왜 그리 짧았는지
    네모난 가방 속에 누워서야
    나란해진 두 다리
    가방 쟁이 동섭이

―「명품쟁이」부분

"가방 쟁이 동섭이"는 누구보다도 자신의 삶에 최선을 다한 사람이다. "고개를 숙여야 들어가는 지하실 어둑한 공장이어도" 자신의 환경을 탓하지 않는다. 하지만 세상은 약자에게 결코 자비를 베풀지 않는 곳, "어릴 때부터 앓아온 소아마비"와 "가방 끈이 짧"다는 치명적인 약점을 가지고 살아가기는 녹록지 않다. "마누라"도 떠나고, "간신히 장만한 연립주택도" 함께 사라지고, "네모난 가방 속에 누워서야/ 나란해진 두 다리"로 불공평한 세상을 벗어난다.

살다 간 짧은 생이 온통 고난뿐이었음을 상기할 때, 친구로서의 그의 마음은 어떠했을까? 규격화된 세상에서 규격에서 벗어났다는 이유로 갖은 고생을 감당하다가, 결국 세상을 떠나야 했던 친구 앞에 바치는 시. 이 시는 친구에 대한 미안함과 그리움으로 가득 채워진 또 하나의 가방이기도 하다.

*

세 개의 무덤을 거쳐 걷는 동안 바람이 많이 불어갔다. 한꺼번에 나이를 먹은 듯 몸은 무겁다. 하늘의 먹구름도 점점 부풀어 조만간 지퍼가 열릴 것 같다. 나는 터벅터벅 힘겨운 걸음을 개울가로 옮겨 자리를 잡는다. 가방을 뒤져 챙겨온 몇 권의 책 중 『늙어감에 대하여』(돌베게, 2014, p.81.), 장 아메리의 문장을 읽는다. "몸은 생생한 아픔 그대로이며 더는 세계와 공간으로 나아가 그 안에서 녹지 않는다. 몸은 있는 그대로의 나인 동시에, 늙어가는 사람이 자신의 안에 켜켜이 쌓아놓은 시간 바로 그것이다."

*

오늘은 그의 지천명 부근에 닿아 있다. 지천명은 "부고장이 중년을 부르는 일상"(「홀딱 벗고 새」), 그야말로 지인들의 죽음을 일상적으로 접하게 되는 나이이다. 실패와 성공, 만남과 헤어짐의 격동기를 지나면 누구나 허무가 자연스러워진다. 나이가 든다는 것은 이렇게 슬픈 일이지만, 장 아메리의 말처럼 "자신 안에 켜켜이 쌓아놓은 시간"이 있어서 세계를 제대로 읽어낼 눈을 갖게 되는 시기이기도 하다.

*

  나무의 말에 귀 기울이면
  구부러진 이유 다 있고
  부러진 상처가 딱지처럼 굳어
  옹이가 되었다고
  그렇게 굳은 표정이 보이는 나이.

  …(중략)…

  오히려, 산을 찾으며
  나무에 등 비비는 사람들이
  외로운 거 아니겠냐고
  숲의 웅성거림을 듣는 나이.
            —「지천명」부분

 그는 인생의 여행을 거치면서 "날짜변경선을 넘나들며 분주했으나/ 돌고 돌아 겨우 안착한" 지점이 '지천명'임을 깨닫는다. 이 시기에 이르러서야 "환상의 집을 지으려고" "떠돌"던

자신의 모습이, 옆에 두고도 돌아보지 못했던 "아내라는 낡은 가방이" "눈에 들"(「아내라는 가방」)어온다. 비로소 "옹이" 속에서 "나무들"의 "부러진 상처"를 읽고 들으며 "나무에 등 비비는 사람들"의 외로움도 온전히 느끼게 되는 것이다. 이런 깨달음은 '나'를 향해 고정되어 있던 삶을 "타인의 슬픔을 지켜보는"(「안개꽃」) 쪽으로 방향을 돌리게 한다. 그러면서 세상에 태어난 존재로서 그는 하늘의 명을 다시 한 번 떠올려보게 되는 것이다.

지천명의 깨달음은 그를 가방 안의 세계로부터 벗어나게 하는 가장 큰 요인이 아닐까 싶다. 이제 그는 경쟁과 욕망으로부터 벗어나 열린 시각으로 세계 속의 가방들의 삶을 찬찬히 살필 수가 있게 된다. 이때 그간 쌓아온 시간들, 기억들, 슬픔들은 그에게 마음의 "외등 하나"를 "매달"게 한다. 그리하여 "달이 없는 밤에도 보름달로 환"(「벗」)한 빛을 갖게 되는 나이, 인생의 허무와도 '벗'이 될 수 있는 나이가 그의 지천명인 것이다.

*

그의 지천명에 머물다보니 어느새 안개 자욱한 밤이 왔다. 오늘은 안개 때문에 쉽게 잠들지 못할 것이다. 이왕 이렇게 된 거, 내 속의 슬픔도 "설친 밤의 끝에서 풀어, 안개로 피워 올"려 볼까. 세상을 떠도는 "울음의 표정을 다 읽을 수는 없지만"(「안개꽃」) 안개 속에서 사람들의 울음에 흠뻑 젖어 볼까. 여러 생각들이 교차하는 가운데 어디서 고양이 한 마리가 야아 아옹, 길게 울음을 던져놓고 간다.

*

새벽까지 뒤척이다가 아주 짧은 잠을 잤다. 잠깐의 잠이었는데 컨디션이 그리 나쁘지 않다. 꿈속에서 보았던 그 세계 때문에 오히려 마음이 설렌다. 그곳은 온갖 색으로 아름답게 채색되어 있었다. "생강나무 꽃 노랗"(「노란의 거처」)게 번져 있는가 하면, "넉넉한 웃음으로 이염되는" "푸르름"(「파란의 모습」)이 펼쳐지기도 하고, "우울에 가까운 사랑의 감정"이 "캄캄한 밤과 새벽 사이" "보라"(「보라의 자세」)로 태어나기도 했다. 잊고 있던 몸의 감각들을 다시 깨우는 색들의 공간, 오늘의 행선지는 이곳으로 정해야겠다.

*

그는 가방 안의 세계에서 나와 숨어 있던 색의 감각을 하나씩 일깨우기 시작한다. 이것은 생활을 유지하기 위한 감각과는 차원이 다른 것이다. 세계가 본연의 인간에게 전해주는 감각이다. 욕망을 내려놓고 또는 욕망을 넘어서고 나서야 받아들일 수 있는, "세월의 멋을 포용하는, 여유로워진"(「파란의 모습」) 감각이다.

그는 이렇게 되찾은 감각으로 시를 떠올린다. "꺼내기조차 아득한 이름을 내려놓"으면서 "노을처럼 붉어지는" "가슴"으로 언어의 절을 짓는다. "다릅나무 낙엽을 태우는데 연기는 한결같이/ 종이 색"이라고, 들끓던 욕망을 불 속에 던져 넣으면서 삶의 다채로운 색깔들을 받아 적을 종이 한 장 펼쳐놓는다.

*

 이제 그의 마을에 가까이 온 듯하다. 내일이면 살둔마을 이곳저곳을 오가며, 만나는 것들마다 하나씩 시로 옮겨놓는 그를 만날 수 있다. 그에게 시는 무엇일까? 어떤 힘을 갖고 있기에 그를 가방 속의 세계에서 끄집어내 저 오지마을까지 찾아들게 했을까? 자꾸만 밀려드는 생각을 접어놓고 오늘도 허름한 방, 낡은 벽에 기대 하루를 마감한다. 언제 꺼져도 놀라지 않을 것 같은, 검게 그을린 형광등 불빛에 알랭 바디우의 『무한과 유한』(이숲, 2021, p.25.)을 펼쳐놓는다.
 "인간의 존재가 죽음보다 더 강하다는 것은 생각이라는 일종의 작업에 의한 겁니다. 우리가 죽음보다 더 강해질 수 있는 것은, 삶에서 벌어지는 축제에서 그런 것이 아니라, 무한 그 자체를 생각으로 지배하면서입니다."

*

 물의 살갗에 사유가 여물고 있다

…(중략)…

시로 단단해지는 일은
내 안의 물컹한 생각을 거스르며
사유의 감정을 매끈하게 다듬는 일

가장 친근한 것에서
산전수전을 겪는 일

골다공증 환자처럼
뼈마디 으슬거리며 자주 미끄러지면서도
사유의 한 조각 얼리려는 노력

흐름이 멈추어도 뼈로 단단해지는
서로에게 치열하고자
애써 속으로 여무는.

―「물의 뼈」 부분

   그는 유한한 인간의 삶을 무한대로 넓히는 방법으로서 시를 선택한다. 그리고 시에 대해 "내 안의 물컹한 생각을 거스르며 / 사유의 감정을 매끈하게 다듬는 일", "가장 친근한 것에서/ 산전수전을 겪는 일"이라고 정의한다. '가방'이라는 대상을 통과하며 겪은 "산전수전"의 삶을 "매끈하게 다듬"기 위해 그에게 살둔이라는 공간이 필요했는지도 모르겠다. 그곳에서 다래 넝쿨을 삶아 껍질을 벗기고, 솟대로 재탄생시키는 것도 어쩌면 시를 써나가는 작업의 일환이리라.

언젠가 겨울이 아직 물러서기 전 그와 함께 얼어붙은 강 위를 오래 걸은 기억이 있다. 얼음이 아니었다며 어찌 강 위에 발 하나 올려놓을 수 있었을까? 강 위에 앉아 속으로 흐르는 강의 목소리를 들을 수 있었을까? 시는 결국 나를 얼려, 저편으로 무사히 건너가라고 당신의 발을 받쳐주는 일. 어머니, 아버지, 친구 동섭이가 그렇듯 자신의 죽음으로 타인의 삶에 길을 대는 일일 것이다.

또한 그에게 시는 "풍경을 필사하"(「노봉방주」)는 일이기도 해서, "은어"를 통해 "빛나는 시어를"(「은어의 꿈」) 떠올리기도 하고, 밤바치길 이곳저곳을 걸으며 "진정한 서정 시집" 한 권을 꿈꾸기도 한다. 그리고 겨울에는 온갖 풍경에 귀를 기울여 소리를 모으고(「겨울 휘파람」), 그것이 시로 녹아나올 때를 기다린다. 이제 그의 가방에는 세상살이의 소란이 비워지고 자연을 닮은 참 맑은 시들이 쌓이기 시작했을 것이다.

*

"말이 침묵으로부터 급격하게 튀어나올수록, 침묵의 태초에서 튀어나올수록, 말과 사물이 하나인 태초의 상태가 한순간이나마 재현될 가능성이 크다."(『인간과 말』, 봄날의책, 2013, p.161.) 한 줄의 시가 튀어나올 순간을 기다리며 침묵으로 자연과 어울릴 수 있는 곳, 그곳이 그에게는 낙원이 아니었을까?

*

  오늘은 일정의 마지막 날이다. 드디어 그의 지도에 표시된 "낙원" 표지판이 저 앞에 보인다. 개인산과 문암산, 방태산이 사방을 둘러싸고 있는 곳, 깊은 계곡 맑은 물줄기들이 내린천으로 만나 흐르는 곳. 버스의 통행도 없고, 때때로 폭설과 폭우에 고립되기도 하는 곳. 그야말로 "침묵으로부터 급격하게 튀어나올" 말을 기다리기 좋은 곳이다.

>구름의 표정에서 비의 양을 측정하는 일이
>간혹 들어맞는 것에 놀라지 않는다
>
>날짜와 요일은 자주 뒤엉키므로
>바깥소식은 엄나무 이파리 떨어지는 소리에도 묻힌다
>
>주인 떠난 강아지 외침과
>스스로 떠난 들고양이 울음소리는 서로를 무너뜨리지 않는다
>
>뉴스로 흘러나오는 소식보다

물까치 떼가 까마귀를 물리치는 것에 더 믿음이 깊다

　　껍질을 벗긴 다래나무는
　　삶과 죽음의 경계처럼 가없이 묵묵한 색을 발현한다
　　내 지나온 삶의 일부가 게워지듯

　　가령, 바람이 하룻밤을 용해하는 부피와
　　층층나무 끝에 걸린 계절의 층간소음을 감각하는 것에 다소 미온적이다

　　아무 일 없지만 하루하루가 뜨겁고
　　자연에 갇혀 살지만 자연과 밀접하다
　　　　　　　　　　　　　　―「고립낙원」 전문

　그는 이곳에서 "자연에 갇혀 살지만 자연과 밀접"해진다. 이곳은 인간이 만들어놓은 시간("날짜와 요일")에 지배를 받지 않는다. 인간의 소음들("뉴스로 흘러나오는 소식")로부터도 자유롭다. 흡사 "삶과 죽음의 경계처럼 가없이 묵묵한" 곳. 욕망에 길들여진 사람에게는 한없이 갑갑한 공간일 테지만, 욕망을 내려놓은 사람에게는 오히려 그것이 자유가 된다. 그는 이곳에서 "아무 일 없지만" 마음속에 차오르는 시어들로 "하루하루가 뜨겁고" 비로소 살아 있음을 느낄 수 있게 되는 것이다.

*

　마당에는 모닥불이 피어오르고 그가 주문한 "삼겹살"과 "곰배령 막걸리"로 "살둔마을"(「거기, 그곳」)의 밤이 얼큰하게 찾아왔다. 불은 따뜻하지만 아직 등은 시리고, 옷을 하나 걸쳐 입으려는 내게 "꽃씨는 눈 속에 묻혀 겨울을 나야 발아를 하는 것"이라고 시 구절을 하나 건넨다. "겨울을 잘 나야/ 꽃을 피운다던 아버지의 말씀"과 "배가 불러오는 어머니의 모습"을 떠올리며 이야기가 깊어지는 사이 첫째 둘째 셋째…… "다섯째" "여섯째"(「파종」)…… 별들이 태어나 하늘을 수놓는다.

*

　타다닥 타다닥, 장작에서는 이따금 불티가 날리기도 한다. 그럴 때마다 하늘의 별은 점점 늘어간다. '유한'이 '무한'으로 이동해가는 모습을 바라보고 있는 듯, 모닥불 앞에 앉아 있는 그의 표정이 진지하다. "노을"보다 "붉어"진 그의 얼굴에서도 어느새 "사과 향이 난다"(「노을에서 사과 향이 난다」).▨

| 한길수 |

강원도 화천에서 태어났다. 2015년 계간 『시사사』로 등단했다. 산문집 『살둔마을에 꽃이 피고 시가 되고』와 동인지 『저기 삼나무에 꽃바람 분다』를 펴냈다. 현재 (주)루카스 대표이사로 재직 중이다.

이메일 : lucas@lucas.co.kr

고립낙원 ⓒ 한길수

초판 인쇄 · 2021년 4월 23일
초판 발행 · 2021년 4월 29일

지은이 · 한길수
펴낸이 · 이선희
펴낸곳 · 한국문연

서울 서대문구 증가로 31길 39, 202호
출판등록 1988년 3월 3일 제3-188호
대표전화 302-2717 | 팩스 · 6442-6053
디지털 현대시 www.koreapoem.co.kr
이메일 koreapoem@hanmail.net

ISBN 978-89-6104-281-9 03810

값 10,000원

* 잘못된 책은 바꾸어 드립니다.